우주로 날아가는 나비

빛남시선 160

# 우주로 날아가는 나비

김복조 시집

빛남출판사

• 시인의 말

바람이 나무를 흔들고
나무는 흔들릴 때마다 온몸으로
제 몸을 지탱하려 한다

백지 위, 한 줄의 글이
진액으로 빈 마음을 채워 주었고
나를 지탱하는 지렛대가 되어 주었다

지난 많은 시간 속에는
마음의 정원이 생겼고
꽃을 심고 나무를 키우며
새싹이 나고 낙엽이 지는 계절을 배우며
한 포기 풀도 사랑하리라
생각하며
항상 그들과 함께 가까이 살고 싶어한다

2025년 3월

김복조

시인의 말 • 5

# 1부

유채꽃 속의 얼굴 • 13
회동수원지 아침 • 14
세한삼우歲寒三友 • 15
오월, 장미 • 16
만년설—융푸라우 • 18
초당—다산 정약용 • 20
연리지連理枝 • 21
손수건 • 22
찔레꽃 • 23
봄바람 • 24
가죽조각무늬가방 • 26
이카루스의 꿈 • 28
동행 • 30
가랑잎초등학교 • 32
황소바람 • 33
휴일 화면 • 34
루체른 호수 • 36
청매화 • 38
서랍 속의 4B 몽당연필 • 39
성찰 • 40

가을이 오는 소리 • 41

주목 • 42

벚꽃 • 43

나무를 키우다 • 44

보리의 추억 • 45

지리산 계곡의 여름 • 46

1막 • 48

달력 • 49

할머니와 소피아 • 50

## 2부

서랍 속의 자유 • 53

등대 • 54

영취산 통도사 봄이 오는 길 • 55

강아지풀 • 56

찻잔 속의 봄 • 58

사북에서 • 59

단풍 • 60

가을 편지 • 61

난을 기르며 • 62

다랑이 고갯길에서 · 63
방종의 자유 · 64
흔들리다 · 66
눈 내리는 양동마을 · 67
해변의 변주 · 68
장안사에서 · 69
영산홍 · 70
단감 · 71
갑판 위의 정경 · 72
팔천협곡 · 74
술과 나 · 75
언어의 모순 · 76
바람꽃 되어 · 77
창 · 78
팥빙수를 먹으며 · 79
망둥어의 기억 · 80
멈춰진 시간 풍경 · 82
청사과 · 83
횡계리 옛집 · 84
꽃길 · 86

# 3부

우울한 날씨 • 89
치자꽃 • 90
7번 국도 • 91
양다방 • 92
알에서 우주로 날아가는 나비 • 94
달과 별의 만남 • 96
샘물 고이듯 • 97
돌담의 향기 • 98
연꽃밭에서 • 100
황매산 안개비 • 101
무풍한송로 • 102
정원 • 103
온천천 작은도서관 • 104
터미널 • 106
늦은 사랑  107
바다를 열다 • 108
초록 멍  109
동해남부선  110
이팝꽃 • 112

해설_풍경 속의 풍경, 겹의 문장들 / 정익진 • 115

1부

## 유채꽃 속의 얼굴


유채꽃 향기에서 유채씨 보입니다
하얀 무명옷에 동여맨 수건으로 머리를 가리고
노란 꽃잎에 미소 짓는 얼굴이 보입니다

잘 자란 겨울초는 추리지 않고
씨앗을 받으라
당부하시던 얼굴이 보입니다

멀리서 손짓하듯 유채꽃 벌판은 하늘거리고
서산에는 저녁노을 지는데
나 또한 여기 와 섰으니
유채꽃은 더욱 멀리서
아련하게 다가옵니다

척박한 땅을 걱정하시며
땅은 거짓말하지 않는다는 평범한 진리로
지난 세월 씨앗을 받으셨던 어머니

오늘도 그 씨앗은 충실하다고
어머님 무덤 앞에 속삭입니다

## 회동수원지 아침


물의 요정이 피워 올린 물안개가
잠이 덜 깬 수면을 휘감으면
꿈속 무릉도원을 본 듯 홀연히
안개 속으로 나는 빠져든다

발아래 부는 시원한 바람이
물안개 걷어 가면
송홧가루 잔물결에 출렁이고
물고기 떼 물아래 흰구름 쫓아간다
날아 앉은 한 무리 물오리 떼
물속 유영하는 물고기를 노린다

흘러가는 구름도 발길 멈추고
호수 한가운데 물구나무 선다
물속 드리운 산 그림자
갈대는 그 깊이를 재고
백조 한 마리 서서 그 차가움을 확인한다

풀내음이 수면을 타고 흐르는
고요한 아침이 내게로 온다

## 세한삼우 歲寒三友

설산의 여백 속에
매화 가지 청아하다

휘어지는 가지마다
묵 향기 번져 가고

청초한 송죽의 푸르름
붓끝의 떨림 속에 피어난다

삭정이 끝에 이는 칼바람
대지를 베어 가고

눈 덮인 골짜기 넘어
오랜 기다림으로

무아의 고요
백지 위에
먹물로 꿈틀거린다

## 오월, 장미

짙푸른 하늘 아래
한 다발 장미가 피어난다

바라볼수록 눈부신 빛깔
해마다 단 하루
한 다발 가슴에 안겨 오는 꿈을 꾸었다

누군가 건네지 않으면 받을 수 없는 꽃,
올해는 전해 줄 이 있을까

흐르는 강물처럼
마음은 애잔하게 출렁이고,
씁쓸한 웃음은 굳어버린 석고상처럼
세월의 뒤안길에 머문다

여지 없이 꽃은 피고
계절은 떠났다 다시 돌아오는데

언제일까

장미보다 맑은 웃음으로
손 내밀어 줄 그 순간

오월, 장미의 붉은 미소가 날카롭다

## 만년설
- 융푸라우

눈끝이 시려오는 설산 위에
저녁노을 붉게 물들었다

휘몰아치는 바람결에
하얀 눈꽃 하늘에 맞닿아 전설처럼 뿌려진다

역사의 혼은 멈춘 듯 잠을 자듯
설경의 광원은 달밤인 듯
푸른 설레임으로 다가온다

하늘과 땅이 맞닿은
지구의 끝자락
바람이 지나간 자리마다
만년설을 이고 선 산맥
하늘이 울리듯 떨려 오는 인연 앞에
되새겨질 발자국

샛노란 민들레
깊은 계곡

시간이 머물다 간 풍경 속에
나는 한 점
흔적으로 남는다

# 초당
― 다산 정약용

백련사 길목에 서서 서성이는 발걸음
초당 가는 옛길 위에 구름도 멈춰 서니
동백은 목메이고 두견이 울어댄다

먼길 떠나와 초당에 내려놓은
홀로 앉은 그 모습
발아래 흐르는 물은
세월인 양 흘러가고

동트는 아침 해가 약속처럼 찾아오면
고요한 적막 속에 글줄마다 깊어지고

백성을 위해 모은 지혜의 웅지
마음속 사무침은 돌에 새긴 그 영혼
아직도 고서에 빠진 모습 초당에 앉아 있다

## 연리지 連理枝


꽃향기 흩날리는 산길
눈길 닿는 곳이 있어
한 묶음으로 동여맨 두 가지를 본다

비애를 허공에 날리고
떨어질 수도
달아날 수도 없이
한 결로 맞닿아
진초록 미소로 잎을 틔운다

헤어짐의 시간을 지나
다시 손을 내밀어 닿은 사랑,
마음의 통로가 열린다

상처를 품고 살아온 날들,
물관을 틔우듯 서로를 감싸며
서로의 시간에 뿌리내려
끝내 하나로 이어진 사랑

# 손수건

단풍나무 잎사귀 펼쳐진 화폭 위에
가을이 조용히 내려앉는다

작은 물방울 하나
바람에 흔들리다
잎새 끝에서 떨어진다

슬픈 영화를 본 것처럼
붉게 물든 기억들이
바람 속으로 흩어지고

잊으려 할수록 더욱 선명해지는 마음
손수건 곱게 접으며
그 흔적을 감춘다

## 찔레꽃

봄바람에 흩날리는 단발머리 까만 눈동자
여린 꽃잎 따먹으며 웃음 짓던 얼굴들

보리밥 도시락엔
그 집 살림의 저울 눈금이 그려져 있고
모자라는 살림은 살림 밑천이라며
가난을 위로하던 날들
그 무게 가벼운 만큼
마음 무거워져 잠 못 이루시던 어머니

먼길 가신 지 아득히 멀어도
애태우시던 그때 그 모습

해마다 찔레꽃 피면 더욱 그리워지고
묻어 둔 가슴은 뜨겁게 피어 오르건만
꽃잎처럼 남아
잊히지 않는 그날의 속삭임

# 봄바람

대지의 설레임을 노래하는
새싹들의 요들송
뿌연 안개비 분말처럼 뿌려지면
따스한 온기는 산야를 감고 돈다

비탈길 언덕배기에
봄바람 타고 피어나는 새싹들의 속삭임
희멀건 산야를 새단장한다

조심스런 햇살의 눈길 따라
실바람 현의 가락 꽃잎 흔들고
잠자는 배롱나무 가지 흔들어 깨워 놓고
긴 보리밭길을 휘파람 불며 내달린다

높은 산
찬 바위도 녹이는 바람

철조망 너머의 응어리 삭히지 못해
오늘도 외로움으로 돌아앉아

그리움만 커져 가는데
얼었던 강물도 녹아 슬픈 노래 되어 흘러가니
봄바람은 잠을 설친다

## 가죽조각무늬가방

낡은 벽에 사진처럼 걸려 있는
가죽조각무늬가방 하나
아버지가 사다 주신 징용의 선물이지만
한 번도 들고 다닌 적이 없는 어머니

"너거 아버지가 없는데 들고 다니면 뭐하냐"

올망졸망 칠 남매 남겨두고
먼저 떠난 야속한 생각에
눈물도 말라버린 어머니
아버지가 사다 준 마지막 선물을 보며
애써 떠올리지 않으려고 부르던 노랫가락

"이내 가슴 타는데 연기도 김도 안 나네"

긴 한숨 토해 내면
저만치서 출렁이는 콩밭 이랑

허전한 빈 가슴으로 뒤뜰 맴돌며

몰래 울음 삼킨 날들
해질녘 노을 같은 어머니 치맛자락에 비치는
아버지의 검은 얼굴

그 그리움을 눌러 온 자리에
곧게 자란 나무들을 지켜보며
고향 언덕에 영원히 살으시는 혼백

## 이카루스의 꿈


땅속으로 숨어든 생명체들
비밀을 안고 동령冬嶺의 잠 깊어간다

새싹이 움트는 순간부터
낙엽이 스러지는 날까지
동공에 어리던 푸른 나뭇잎은
진액을 뚝뚝 흘릴 듯하더니
마침내 열매의 과즙이 되고

산마루에 걸린 하루 해도
용광로 불덩이처럼
자신을 태워 빛을 발한다

겨울의 꼬리는
봄으로 맞물려 가는
시간의 바퀴 따라
돌고 돌지만

성장을 멈춘 노송은

눈 덮인 산마루에서
응집의 겨울 땅을 바라보며
이카루스의 꿈을 꾼다

## 동행

햇살 짙은 솔밭길 문탠로드를 따라
그대와 나
코끝으로 저려오는 해풍 길게 들이키며
바다로 간다

청사포 모퉁이 돌아
동행의 쌉싸름한 맛 더해 가며
동해남부선 영천행 기적소리
추억의 언저리에
봄으로 떨어지는 아카시아 꽃잎

철조망에 나부끼는
돌아오라는 소망의 노란 리본
희망을 잃어가고
해이의 무게에 저린 가슴

밀물과 썰물이 섞여 토해 내는 찌꺼기처럼
혼돈을 밀어낼 때
아린 슬픔의 발자국을 위해

기도하는 두 마음
저 멀리 바다에 띄운다

## 가랑잎초등학교

솔바람 맑은 물 위에
가랑잎 교정 띄우고

천왕봉 머리에 인
꿈나무의 재잘거림 멎은 지 오래

계절이 왔다
돌아가는 길목에
한 조각 구름처럼 남아 앉은 교실

어느 날
하늘을 우러르던 작은 새의 날개도
사람의 둥지도
겨울바람에 덧씌워 싸늘히 식어가고

말 없는 적막도 계곡물 따라
흘러흘러 내린다
더 넓은 미래를 위하여

*가랑잎초등학교 : 지리산 내 폐교된 분교

## 황소바람

한겨울 내내
문풍지 파르르 떨리는
문 옆은 언제나 어머니 잠자리

딸아이 감기라도 들까 봐

삼월 초 아직도 바람은 차서
짚쐐기* 풀빗자루로
문풍지 바르시던 손길

바늘구멍에 황소바람 들어온다며
작은 문구멍 다 메우시던 모습
청댓잎처럼 푸른 기억으로 남아

* 짚쐐기 : 기장 지역에서 사용하는 사투리

## 휴일 화면

다리 짧은 햇살이
아장아장 마당 가운데로
걸어 들어오면

무지갯빛 비눗방울 따라
까르르 하늘로 오르는 웃음

가위 바위 보
순례의 발걸음에
숨은 가슴 콩 콩 콩

까치발이 필요 없는 날
크게 웃어 키가 커지는 날

가끔 받는 보너스 선물
컴퓨터 화면이 얼굴 내밀면
기다리는 차례에도 가위 바위 보

어울려 짧은 하루해

고사리손 작은 사랑
하회탈 얼굴에
장미꽃 웃음이 귀에 걸렸다

## 루체런 호수

설경이 녹아내리는
계곡의 물소리 속에
청아한 청잣빛 도자기 음률 퍼진다

하늘을 찌를 듯 높이 솟은 설산
눈끝에 시리고
물 위에 잠겨 뒤척이던 계곡의 끝자락이
바람에 나부낀다

호젓한 저녁
고요한 호수 품에 안겨들면
가슴에 젖어오는 물소리
상큼히 날아오르는 물뿌리의 향기
푸른 설레임은 물 위에 그림자 되어 출렁인다

회상 속에 잠겨 있던 그림 같은 집들
나무와 작은 꽃들이
여기, 피어
튜울립의 정열 속에 나란히 웃고 있네

비경을 노래하듯
잔잔하게 일렁이는 루체런* 속살 위로
비호같이 날아드는 물새 한 마리
넓은 호수 비행하다
날렵한 꼬리로
출렁이는 물의 음계를 두들겨
에델바이스를 연주한다

조용히 어둠이 깔리는 호수 위
저녁노을이 붉게 물들었다


*루체런 : 스위스에 있는 호수 이름

## 청매화

북풍에 시린 나목 사이로
가녀린 꽃잎 하늘 열고 선 자리

잔잔히 일렁이는
호수 같은 눈동자
결 고운 사랑은

빈 가슴에
조용히 흐르는
반짝이는 별꽃

맑게 갠 하늘에
푸른 너의 미소가 있어

첫정
탄생의 그날을 잊지 않으리
삼백육십오일

## 서랍 속의 4B 몽당연필

깎이고 깎여서 작아진 키
그렇게 작아지던 날들이 있었다

안갯속을 달리는
기차에서 바라보는 바깥 풍경
흰 여백에 흘러내리는 수채화

머릿속엔 늘 색들이 흘러
마음을 묻어 두었던 그곳으로
스케치북 하나 들고 떠나고 싶었다

아무에게도 말하지 못한 꿈
지금도 손끝에 불씨처럼 남아
그림 속으로 뛰어드는데

서랍 속에 접어둔 추억
여전히 내 안에서 잠을 깨운다

## 성찰

영혼이 닿는
한 줄기 빛

어둠을 뚫고 날아와

발효된 식초가 되길

## 가을이 오는 소리


더는 차오르지 못하고
야위어 가는 초록빛

훤한 숲속 귀뚜라미 높은 청음에
가을은 깊숙이 발을 담근다

떡갈나무 한 잎
도토리 떨구어 놓고
돌아갈 축배의 빈 잔에
어리는 삽화

어느 한순간도 쉬이 놓칠 수 없었던 자리

계절이 구르는 등 뒤로
노랗게 물든 손
모두가 비워지는 광장의 발

빈 가슴이 커지는 소리

# 주목

마운틴 정원 앞에 우뚝 선 동상

가버린 시간을
온몸으로 반추해도
후회 없는 삶의 기록

태백의 산증인
정선의 눈비 맞으며
바람 속에
다시 태어난 천년

## 벚꽃


하얀 얼굴 눈이 부시도록
바라보고 또 바라봅니다
지난날 말 없었던 날
그대가 싫었던 건 아닙니다
단지 바쁘다는 이유만으로
지금 내게 온 화사한 그 모습
내 마음도 스르르 꽃잎에 물들어
그대에게 날려 보내고 싶습니다
오늘도 비 내리는 산사에서
그대를 만날 것을 예감했습니다
연분홍 얼굴 꽃비에 젖으면
초로焦勞해지는 마음
떠나야 할 시간에 목이 메여
당신의 가슴에 얼굴을 묻고 울고 싶습니다

## 나무를 키우다

계절은 지상으로 흐르는 물빛
초록은 지천에서 나이테를 키웠다

아무도 말한 적 없는
어린나무를 위한 집념이 천직이 되어
하얗게 바랜 세월

새장 속 한 마리 새가 되어
낙엽지는 날 기다리며

먼 길 걸어온 낡은 고무신에
끝없는 독백으로 가득 채우는
요양병원의 하루

## 보리의 추억


넓은 들에 기대는 푸른 꿈들이
파도처럼 하얀 포말을 끝없이 일으키면
애타던 삶의 고개가 목을 길게 늘여 놓던
유월의 어느 날

집집마다 땀방울에 젖은 도리깨질 소리
합창 되어 날아가고
낡은 무명 치마 다듬잇돌에 손질하던
부지런한 손길에도
더 피워보지 못하는 작은 소망들
그늘 드리워져도

햇보리밥 된장국 열무김치
둘레상에 마주앉은 행복했던 순간들
그 시간들은 지금 어디론가 멀리 떠나가고
나에게 남은 작은 추억 하나
나와 함께 먼 여행길을 가고 있다

## 지리산 계곡의 여름

오랜만의 여름 휴가
계곡물에 발을 담그고 물 소리 들으면
여유로운 시간은 어디쯤인지

산능선 위로 높이 떠오른
하얀 뭉게구름 사이로 스치는 시간들

고사리 같은 손을 내밀며 걷던 아이
물장구치며 웃음꽃 피우던 어린 나를 본다
노란 곱슬머리
하얀 얼굴에 까만 눈동자
순한 얼굴로 여름을 안고 있던 그 시절

옛길을 따라 한참 걸어가다
되돌아오니
초록풀 향기가 나를 깨운다

지리산 계곡의 여름 휴가
저녁 밥상 위에 정이 담기고

따뜻한 목련꽃 차를 마셨다
찻잔 속에 맑고 하얀 마음이
소리 없이 피어오른다

밤이슬 스며드는 그때,
샛별이 동쪽 계곡으로 흘러내리고
젖은 빨래를 처마 밑으로 옮겨 놓으며
내일은 통영으로 갈까, 생각하다
풀벌레 소리에 잠이 들었다

꿈속에서
하얀 개망초 가득 핀 들길을
어린 소녀가 환하게 웃으며
달려오고 있었다
손에 한 줌 꽃을 따다 내게 건넨다

# 1막

어제는 개미들이 떼 지어
이사를 갔다

지금 막 바람이 불고
비가 쏟아지기 시작한다

재활용 수거통에 들어가지 못하고
길거리를 박쥐처럼 날아다니는
비닐봉지 하나

하늘을 휘휘 몇 바퀴
공중비행한다

반 고흐의 귀를 그리다
피카소의 춤을 추다

결국 나뭇가지에 걸려
온몸이 찢겨진 채로

# 달력

시간의 고리에 맞물려 가는
무한의 톱니바퀴

숫자의 무게가 가벼워지는 시간

거리의 가로수
한 잎 두 잎 비바람에 지면

어디서 왔다가
어디로 흘러가 자취도 없어질
유한한 삶의 존재들

하루하루 치열했던 생의 다툼이
지는 낙엽 앞에
무슨 의미와 소용이 있을까

호스피스 병동을 바라보며
한 장 한 장 넘어간 달력의 뒷장
이름 없는 한 포기 풀꽃으로 살으리라 말한다

## 할머니와 소피아*

한여름 뜨거운 해가
저녁때가 되어도 마루 끝에서 떠나지 않는다

주말이면 대문 쪽으로
기우는 할머니의 고개
하루 종일 전화벨 소리 한 번 울리지 않는다

삐걱거리는 침대와 함께
마른 들풀처럼 뒤엉키는 생각들
딸 생각 아들 생각 눈에 선하다

마당 옆에 할머니 닮은
늙은 고양이 한 마리 배가 홀쭉하다
사람 소리에 야옹하며 걸어나온다

고양이 밥그릇에도
밥알 몇 알이 딱딱하게 말라 있다

소피아, 이 고요함을 이해할 수 있겠니?


\* 소피아 : AI 로봇

2부

## 서랍 속의 자유

넓은 하늘을 나는 새
콘도르의 자유는 푸르고 높지만

한 알의 밀알을 찾기 위한
영혼의 긴 여정은
갇힌 공간에서 조용히 흔들리는 갈대였나

눈도 귀도 닫혀 버린
푸른 창공 속에서
나의 노래는 메아리 되고

고집스러운 정의는 하늘처럼 높아
저기 저 어느 곳이든
있으리라는 작은 목소리
마음의 서랍 속에 키워온 시간들

영혼의 울림은 침묵이어도
보이지 않는 세상까지
날아가는 날개가 있다는 것을

# 등대

온밤 뜬눈의 아린 잠
반짝이는 샛별을 보며
된바람 언덕 위
까만 기도

희미한 불빛
꺼지지 않는 지심은
어두운 밤바다 항해를 위한
고독의 천년

나는 없고 너만 있어
아픔을 모르던 시간들

먼 곳에서도 아련히 들려오는
당신 목소리

## 영취산 통도사 봄이 오는 길

어젯밤 몰래 내린 눈
산 능선 빙하
설산의 세포막을 가로지르는 찬바람에
수런거리는 나목의 밀어
물 위
햇살 한 줄기 수정체로 수를 놓고
고요와 정갈은 청옥색 물소리에 구른다

천년의 기와에 흐르는 청정한 독경소리
무한한 시간의 정원
즐비한 소나무 숲길에
세월을 담은 향기

보이지 않는 먼 곳에서 봄이 오듯
경계 없는 그리움이 오가는
너와 나 억겁의 길

절 마당 홍매는
새로운 우주를 하나 둘 터트린다

# 강아지풀

온천천 길가에
까만 밤을 지키는 강아지풀

늦가을 뼛속까지 하얀
무리진 흔들림으로

강물이 도란도란
어둠의 귀를 더듬고
고요는 고개 숙인
강아지풀 위에 내려앉았다

울타리 안의 시간들
하루를 더하고 또 더해도
나아지지 않던
그 먼 어머님의 잦은 허리가 되듯

차가운 갈바람을 맞고 선
고개 숙인 그 모습
내일 다시 태양이 떠도

돌아오지 않을 그날들
애잔한 정이 세월의 선율을 타고 흐른다

강아지풀이 바람에 흔들릴 때마다

## 찻잔 속의 봄

추위와 탱탱히 맞서는 하루
따뜻한 차 한 잔 놓고
그대 기다리는 날

먼 곳의 님은 오질 않네

창가 홀로 앉은 식탁 위
하얀 봄을 깔아 놓고
설레는 마음

지난해
잠에 취한 꽃봉오리
찻잔 속에 뉘면
활짝 핀 매화꽃
님은 여기 와 기다리네

## 사북에서


길 위에 길 없고
날아도 날개가 없어

가족이라는 끈을 잡고
수백 미터 막장까지 내려가던
얼굴들

사북 전통시장 맞은편 길가에
머리에 헤드라이트를 쓴 채
비를 맞고 있다

긴 날 무거운 어깨를 내려놓던
안마시술소, 나이트클럽, 선술집에서
희망과 절망이 오가던
하루하루의 기억들이
길거리를 배회한다

아우라지 강물이 눈물로 흘러 넘쳐도
정선의 검은 구름은
태백산 능선을 넘지 못한다

## 단풍

지난밤 우리 집 앞마당에
몰래 놓고 간 빨간 엽서 한 장

발신인도, 수취인도 없는
바람이 건네준 조용한 초대장

나는 조심스레
책갈피에 고이 끼워 넣는다

내년 봄,
복숭아꽃과 살구꽃이 만발한
무릉도원으로 오라는 그날을 기다리며

# 가을 편지

몇 날 밤을 잠에서 깨어난
수몰된 여름

까슬한 삼베 이불 사이로
귀뚜라미 울음소리 스며들면
처서는 이내 달려온다

양보 없는 시간

진달래꽃 화들짝 발목을 잡고
동백꽃 붉은 청춘을 뿌려도
서걱이는 갈대를 더 좋아했던 날

두둥실
구름을 흔드는 갈댓잎
그 끝에 이는 바람 따라
실려 오는 들국화 향기
너에게 보낸다
이 가을을

## 난을 기르며

빛바랜 한지 벽에
날갯짓하는 학의 긴 그림자

초록이 오래 짙어
아픔이 된 진통으로
여린 이슬 머금고 솟아오른 꽃대궁

이른 봄
창문을 활짝 열면
네 모습 다칠까
아린 조바심

눈 속 가득 차오르는 연노랑 꽃봉오리
창밖 몰래 온 입춘에 입맞춤하는 노란 입술
놀란 가슴 쓸어내린다

## 다랑이 고갯길에서


가슴을 활짝 연 남해바다를 바라보며
아직 때 묻지 않은 산능선 고갯길 따라
오랜만의 마음들이 초봄 연둣빛으로 물들어 간다

가깝고도 먼 섬
순간이 일상을 힐링하는
슈베린의 하루가
반세기의 우리를 위로할 순 없지만
오순도순 세월을 지키며 나무를 키워 온 작은 거인들

둥지의 새는 날아가고
헐어진 집 지키는 일
저 높은 곳을 향하여 맨발로 달리던 날 지나
예고 없이 찾아오는 이별은
아직 아물지 않고
셀 수 없는 흰 머리만,

그 소녀는 다 어디 갔나

# 방종의 자유


이웃집에
누가 이사 왔는지
이사 온 그날부터 온 동네
길냥이들이 다 모여든다

밤이 되면 괴성의 울음들이
집을 뚫고 나가려는지
주인으로부터 음성 제거술 정관술
면죄부를 대신해도
어쩔 수 없는 야성은 밖으로 나갔다

그 후부터
다리가 부러져 까무러질 듯하더니
결국 절뚝거리는 불구로
주인의 밥만 얻어먹고
들락날락하다
한 열흘쯤 집에 돌아오지 않는다

어느 날 건장한 놈이 그의 밥그릇을 차지했다

밥그릇 깨지는 날
자유가 방종인가 방종이 자유인가를
아직도 보이지 않는 그의 애완이란 족쇄는

# 흔들리다

초록 풀잎 위에 빨간 피를 뚝뚝
흘리던 장미
오월은 그렇게 소리도 없이 갔다

아직도 그날의 아픈 자리
헐린 공간에 묶여
시간의 거리에 집시가 된 여인
하늘 향해 빛바랜 노란 웃음으로

나만이 나를 위로할 뿐
모래성 위에서도 하루는 평범하다고

뿌리가 흔들리지 않는다는 것은
바람이 고요했다는 것만은 아니라는 걸
내일의 태양을 향해
밤은 더 깊이 어둠 속으로 내려간다

## 눈 내리는 양동마을

흘러가는 강물 위에
윤회의 숨결이 스민다

소나무 가지마다 순백의 언어
백로의 날개처럼 퍼덕이고
곧은 고택에는
눈보다 찬 그대의 마음 하나 서려 있다

골목길 따라 그리운 옛 자취 찾아가면
인적 없는 고요가 바람인 듯 따라온다

조용히
눈을 이고 선 매화나무 가지
물방울에 어린 꽃봉오리
우주의 입술 트고

푸른 대숲 사이 홀로 선 독락당*은
백지처럼 하얀 세월 무색해도
영원히 꺼지지 않을 그대의 혼불로 남아 있네

*회재 이언적 선생이 벼슬을 그만두고 고향으로 돌아와 지어
 거처한 집의 사랑채

# 해변의 변주

멈추지 않는 너울의 춤
흰 파도 밀려가고 밀려오는
억만 년의 밀어
백사장 갈매기 떼
두 귀가 쫑긋하다

파란 물결 톳의 연가
하늘을 이고 가는
용사의 집게발
말 없는 하루가 분주하다

온종일 소금꽃 핀 아낙의 얼굴에
저녁노을 번져가고

솔바람 따라 가는 이방인 뒤
밤바다 꽃밭에는
남자의 머릿결이 넘실거린다

## 장안사에서

앙상한 가지 끝에
걸린 늦가을 오후
인적 드문 산장에 감나무 몇 그루
빨간 등불을 켰다

계곡 물소리 고요의 정적을 깨우고
천년의 옛일을 생각한다
나의 어머니의 어머니
척판암 물을 맞고 법당에 기도 드리던 모습
저 바위틈에서 들려오는 목소리
노을 속에 짙게 묻어나는 그날

먼 곳 나들이가 별로 없던 시절
유일한 여름 휴양지
다정했던 옛 생각들이 그 숲속 오솔길을
나와 함께 저만치 걷고 있다

# 영산홍

메마른 돌 틈 사이
녹색의 오월이 등을 떠미는 한낮


어설픈 연분홍 미소 띄워 보지만
채워지지 않는 빈 마음


뻐꾸기 울음 뒷산을 퍼렇게 멍들이던 날
야위어 가는 마음


하얀 침묵의 밤도 목이 메이고
지쳐 쓰러지며 지켜온 세월


목이 긴 그리움
깊이 뿌리내리고


가지 벗어
온 산야를 붉게 물들이고 있다

# 단감

가을 한입 깨물어
입안 가득 번져오는 달콤함

박바가지에 담은 정
담장 넘어 미소로 번져가고

파란 하늘 높이 익어가는 가을
여름을 지우는 들국화 향기

산들바람에 울컥 솟던
눈물도 가져간 시간들

삶의 바통이 우리에게
쥐어 준 사랑
설익은 땡감 한입 물고
삼키지도 뱉지도 못하던 그 맛

깊어지는 가을이면
계곡의 마을마다
잘 익은 단감 완창을 한다

## 갑판 위의 정경

갯내음에 저려 오는 뱃길은
물길을 가른다

아득히 푸른 파도 위에
그리움은 출렁이고
먼산 우람한 자태 앞에
줄지은 작은 섬들

징검다리 건너온 햇살은
물 위에 반짝이는 보석들을 쏟아 놓는다
갑판 위에 사람들은 눈으로 보석을 꿰고
찬란한 빛을 온몸에 감고 날아가는 갈매기들

환한 얼굴
바람으로 전해지는 일탈의 미소
물밑 소라들의 속삭임이 들릴 듯 맑은 물빛
저마다 작은 꿈들을 물보라에 심어 놓고 있다

푸른 물결 가르는 하얀 물거품 따라

긴 한숨 토하며
멀리 뵈는 옥녀봉을 쳐다보는 새
선착장에 출렁이는 배 위에서
오가는 사람들 주고받는 말은
포구의 갯냄새를 함께 뿌리고 있는 듯
섬에서 낯설은 해조음을 익히고 있다

## 팔천협곡

높은 산 깊은 호수에 놀란 이방인의 목소리
출렁이는 물결 따라 팔천협곡 메아리로 번져 간다

기암괴석 둘러싸여 떠가는 유람선 위에
신선이 된 눈동자 풍광을 건너뛴다

심심협곡 계곡 속에 빠져버린 나를 두고
뒤돌아볼 새도 없이 케이블카에 발을 올린다

발아래 아찔한 절경
한 마리 새가 되어 태항산을 두루 살피니
천상으로 가는 문이 열려
석양 속에 물든 얼굴 서로 붉다

위세 높은 신의 작품 속에 한없이 작아지는 나
여기가 몽환경구라
한 발 한 발 살얼음 위를 걷듯
떨리는 발자국 소리 남기고
천상에서 지상으로
태항산 웅장한 품을 모두 지나
고속 엘리베이터가 내려간다

## 술과 나

하루 해가 가다 말고
바라보는 외진 골목 포장마차

갈 길을 몰라 묻다
C1* 한 병 들고 앉았다

내 속의 할 말을 네 속으로 옮기려고
잔도 없이 들이키다
거나하게 붉어진 얼굴

너도 나도 메뉴판 위에
온 힘으로 써 보는 글씨

내일 다시 해가 뜬다 라고
저녁노을이 물들인 길 위의 길

\*소주 이름

# 언어의 모순

하루가 저물도록
언어들이 불규칙하게
트릭을 한다

토론의 장도 허락되지 않은
밀집한 공간
꿈틀거리는 입자들이
발성되지 않는 성대의 자리에서
홀로 시름한다
맑은 두 눈의 언어를 위해
물 흐르는 소리와 양의 속도에 맞춰
백지 위에 써 내려
맺힌 언어를 씻는다

## 바람꽃 되어

단단한 거북 등의 두께
흰 머리 곧추세우던 바람의 딸들

벤쿠버에서 날아올라 장엄한 록키 신의 세계로
벤프공원 울창한 삼나무 숲 정렬로 당당하다

눈 덮여 첩첩이 높이 솟은 바위산
아침 해는 설산을 황금빛으로 물들인다

알래스카 빙판을 건너
바위틈 빙하의 꿀을 따는 인디언 목소리 들린다

저 높은 바위 위에 젖은 옷을 말렸을
몽골반점 우리들의 피의 기울기
장엄한 록키 그들의 땅을 밟고
시공을 넘나드는 휘둥그레진 동공

일억이천만년의 빙하 메이플 로드 레이크 루이스
청록색 모레인 레이크 천섬
나이아가라 물보라에 젖어 환호한다
언제까지나 입 모을 추억의 장
바람꽃 하얀 웃음들

# 창

어둠을 걷어낸 새벽 창엔
아직 잠이 머문다

눈에 생채기가 나도록
비벼대며 바라보는 먼 산
파란 새싹들이 펼쳐진 문틀 속의 화폭

시리도록 찬바람 부는 날엔
희미한 창문의 불빛이
포근한 기다림의 정이 되고
먼 곳의 친구 소식이 궁금할 때는
기다리는 귀를 창문 쪽에 두고 잔다

언제나 창문에는 소리 없는 온기가 자라고
그리움이 두꺼워진다

이른 아침
지난밤 몰래 내린 밤비가
방울방울 창에 미끄러져 흩어진다

창 너머로 다시 시간이 멈춘다

## 팥빙수를 먹으며


여름 지나는 테이블 위
히말라야 설산이 솟았다

빌딩 숲에 갇힌 더위를 무너뜨리며
바람 따라가는 설산
반세기도 지난 청우회 모임에서
빠지지 않고 등장하는 여행 메뉴

하와이 해변에서
사하라사막 녹색정원으로
타임머신을 타고 오가는 발걸음
코로나19 방해로 무거운 다리 무게로
못 가 본 설산이
테이블 위에 녹아 흐른다

## 망둥어의 기억


검푸른 수평선 너머
우렛소리 몰고 오는 거센 파도
모래밭 위 조개 등에서
금빛으로 일렁이다
흰 포말로 사그라진다

여름 바다를 즐겨 바라보는
망둥어의 까치발
두 눈을 크게 굴리며
모래벌 위에 섰다

백사장엔
비치파라솔의 원색이 출렁이고
태양 아래 반짝이는 수영복 위로
바람이 스쳐 지나간다

산 쪽으로 흩어지는 시선들

저만치 해변의 초가집 처마

마른 짚이 가리개처럼 길게 내려지고
긴 치마를 걷어 쥔 아낙네들
백사장을 스쳐가듯 달려간다
그 뒤를 따라가던 아낙
백사장의 수영복
곁눈길 주며 발걸음 재촉한다

대바구니 속
파래, 모랑게, 고동들
아낙의 손에 들려 육지로 향하는 여행
온종일 물살과 씨름한 노동 끝
만찬을 기다리는 식구들의 얼굴이 떠오른다

모래밭
수영복 사람들의 눈
긴 치마를 입은 아낙네들의 눈
경계의 눈들이 수평선에 걸려
상하 곡선을 그린다

# 멈춰진 시간 풍경

온기가 빠져나간
빛바랜 사진 한 장
툇마루 위에 걸려 있다

지나가는 행인들 눈높이의 반 나신
담장 넘어 새어 나갈 입소문에
굳게 잠긴 문고리

식은 아궁이의 냉기는 식음을 전폐한 지 언제인지
모퉁이 돌아가던 힘 없는 발자국 소리
작은 헛기침 소리도 삼켰다

모두가 가버린 그 어느 날의 박제된 시간
오순도순 주고받던 이야기도
전설로 돌아가고
누구를 기다리는지
스산한 바람만 들락날락

## 청사과

올해 칠월에도 초록은 익었다
스무 살 즈음
이미 다 익었다고 믿었던 그 시절처럼

모자람은 땀으로 채우겠다던
서툴고도 뜨거운 용기
해마다 태풍이 할퀴고 간 자리엔
더 익을 수 없는 목마름이 남았다

아플수록 초록은 더 짙어지고
볼 때마다 푸른 피를 돌게 하는 청사과

해마다 스무 살의 희망을
뜨거운 여름 상 위에 올려놓으며
나는 또다시
익어가는 자신을 바라본다

## 횡계리 옛집


푸른 대나무 쟁쟁한 절개 앞에
얌전히 앉은 노란 개나리

연못 속 돌 위
사람 발자국 소리에 숨 가쁜 개구리

새들은 날아가고
빈 둥지 초가집에 치자꽃 향기
구석구석 청향을 뿌린다

시집간 막내딸
두고 온 옛집 어머니 보고픔에 편지 쓰노라면
살구 꽃잎 눈앞에 날아와
분홍 눈물로 떨어지고
돌담 앞 봉숭아 작약 분꽃
붉은 종아리를 뻗는데
열매를 꿈꾸는 무성한 바나나 나무
언제까지 기다려도 잉태를 하지 못했다
줄지은 마늘잎 알을 굴리고

배추꽃에 나비가 난다

호미 든 어머니 진종일 텃밭에 묻히면
건넛집 용길네가 부르는 소리

- 어지매 있능교

어머니는 이 가을이 다 가도 대답이 없다

## 꽃길

강남 바다 물결 따라
실려 온 유채밭
봄바람에 노란 생각을 춤으로 출 때

하늘 높이 오르내리는 종달새
봄을 연주하는 비발디

그 가락에 나를 잃은 발걸음
멀리 수평선 너머
푸른 정원으로 가고 있다
계절은 바람 따라 꽃잎 지우고
꽃샘 눈 떨구어 등 시릴 때
아네모네 그려 놓고 걷는 꿈길

걸어야 할 길이 이번 뿐이랴
봄이 가면
빗길 속 천둥 먹구름 업고 온 뒤
꽃길이 있다

3부

## 우울한 날씨


연분홍 꽃잎이 하늘거리는
정오의 햇살에도
계절을 알 수 없는 어두운 그늘

코로나19 무게에 짓눌려
마음껏 자랑하는 꽃들의 초대에도
거절해야 될 무거운 일상

모두가 빛나는 희망으로 산다지만
보이지 않는 바이러스 적진에
포로가 된 너와 나

두 눈 부릅뜨고 싸우지 않아도
보이지 않는 적은 언제 어디에서
세상을 수렁 속으로 몰아넣을지

흑사병도 이겨 냈듯이
이것 또한 지나가리라
눈 아래 숱한 죽음 앞에
길이 없던 나약한 날들

# 치자꽃

바람 부는 날이면 돌려보던 바람개비꽃
올해 유월에도 하얗게 피었다

어머님 닦아 논 장독대 옆에
치자꽃 웃음 하늘로 번져가고
긴 머리 땋은 수줍은 처녀
그 향기에 더 예쁘다

대밭집 54번지
담장 너머 몰래 보던 낯설은 총각
긴 머리 처녀와 치자꽃 향기로 살다

시린 날,
아름답던 추억 모두 사라지고
다시 볼 수 없지만 치자꽃 향기
그 시절을 피워낸다

## 7번 국도


부산에서 고성까지
동해를 안아 본다

끝없이 펼쳐지는 바다
온몸 물들이고
수평선 너머 젖어든다

달려보고 싶었던 그날
7번 국도 차창에 펼쳐지고
오월의 바다 내음

너는 왜 지금에야 좋으냐
너는 있고 나만 없던 시간들

먼 길 따라온 굽은 허리
추암 촛대바위 위에
별이 되어 반짝인다

# 양다방

산타루치아역에서 내려
디에떼 에스프레소 지나
깡깡이마을 한가운데
낭만에 대하여, 아메리칸 마도로스가
축음기 바늘에 꺾여 넘는 곳

분내와 비린내
담배 연기 쇳가루 냄새가 뒤섞여
밀실 곳곳에 숨어 있다

풍랑을 지나온
오랜만의 해후
왁자지껄 들리는 뱃사람들의
목소리가 환청처럼 들린다

두서없이
일상의 시껄렁한 안부를 묻는
여음들이 천정에 둥둥 떠다니고

수동식 전화기도
빨강 노랑 화병의 조화도
꽃무늬 벽지도
찻잔도 옛날 그대로인데
계란 노른자 동동 띄운
쌍화차 건네주던
미니스커트 미스 양은 안 보이네

## 알에서 우주로 날아가는 나비

못난이 삼형제와 세발자전거 타던 아이였다
대공원 길모퉁이 태엽 감아 움직이는
자동차, 비행기, 북치는 소년
걸어가는 모습에서 눈을 떼지 못한다

집에 와서 종이비행기를 접어 날려봐도
공원의 장난감만 생각난다

눈높이가 달라진 아이
로봇 태권브이, 헬로카봇, 킹가이즈
자동차를 로봇으로
로봇에서 다시 자동차로
이젠 드론을 사 달라 한다

때마침 학교에서 드론을 만들어 띄운다고 했다
새로 사귄 여자 친구도 온다 했다
포대기에 싸여 까만 눈을 깜박이던 그 아기
말도 예의 바르게
청소도 밥도 잘하는 아이로 자랐다 한다

백설공주 할머니께서 이름 지어주신
AI로봇 소피아라 한다
로봇 최초로 시민권을 얻은 이름이란다

가만히 손을 잡아 보았다
손이 따뜻했다
손끝에서 피가 날 것만 같았다
넌 피가 돌아 따뜻한 시의 꿈도 꿀 수 있어

## 달과 별의 만남

우리는 달과 별을 노래하고
달은 그 사랑, 별을 노래한다

멀기도 먼 사십여 년 세월
멀리서 가까이서 맴돌다 마는
내 마음 가까이 갈 수 없어
비우다 채우고
채우다 비운
사랑의 오랜 기다림
바라보다 지쳐

오늘은 사랑의 우주쇼
견우와 직녀처럼
어둠이 내리기 전 서쪽 하늘 위에
찬란함이 가득 찬 반짝임이 쏟아진다

아!
영원히 달의 가슴에 안기고 싶어 하는
별의 마음이 되었어라
떠나지 않을 사랑으로

*2010년 5월 16일 19시 30분 달과 금성의 만남을 보며

# 샘물 고이듯

고사리손 놓기 싫어
날마다 가슴속에
심층의 자리 두고
그 모습 떠올린다

따스한 봄날
나뭇가지 새소리 조잘거리듯
해맑은 웃음소리

건반 위에 작은 손가락
무딘 귀를 환히 열어 주는
연못 속 물방울 튀는 소리

나를 파아란 잔디밭으로 데려간다
낡은 신발에 날개를 단다

## 돌담의 향기

헐어진 신발 두 켤레 옆에
이리저리 뒤집히는 작은 운동화들

돌담길 사이로 돌아오는 발걸음 반기듯
앵두꽃이 폭죽을 터트리고
하얀 목련이 등불을 켰다

지난날 우리는 그 꽃이 핀 지도 몰랐지

힘이 든 그날에도 엄마의 마음을
한마디 말없이 눈으로만 읽던
장한 아들 딸아

앞만 보고 달려온 너희에게
이제서야 고맙다는 엄마의 말을 대신 전하려는 듯
환영의 꽃불은 더욱 밝다

엄마의 가슴에 심어놓은 뜻
꿈을 위한 너희 노력이

어둠을 밝히는 햇살이 되고
귀여운 사랑의 별들이 태어났다

밤이 어디쯤인지 끝없이 이어지는 우리들 이야기
오랜 기다림의 정은 자정으로 이어지고
꽃등불에 밤은 익어가고 있네

## 연꽃밭에서

뜨거운 태양 구름 아래
서동을 기다리는 선화의 모습일까
신라 천년을 염려하는 목이 긴 선덕일까

불국사 가는 길목 길목 등불의 행렬
신라 미소 수막새도
반월성을 거닐던 긴 달빛도
그 행렬 따라나선다

스치는 인연마다 밝은 미소 그 향기는
진흙 속에 빈 마음 갖고 사는 지혜의 여신

## 황매산 안개비


신록의 계절을 휘감고 가는
백발의 요정들
산등성이 여기저기 숨바꼭질하듯
언뜻언뜻 보이는 키 작은 얼굴들

초록 속에 나직이 서서 인사하는 보랏빛 엉겅퀴꽃
봉곡 떡손 할머니를 기다리는 흰취
스치는 안개비와 함께 산을 쓰러뜨릴 것 같은 억새풀
6월은 온 산을 초록으로 덧칠한다

멀리서 들려오는 장끼의 울음소리
흐린 안개 속을 가르고
황매산 이끼바위 숨은 일기장을 펼친다

흰머리가 타임머신을 타고 검은 단발로
구름 위를 걷고 있다
산의 고요와 평온이 우리 곁을 떠나기 싫어한다
석양이 지는 그날까지

## 무풍한송로

사계절 불어오는 솔바람길
무거운 어깨 가벼워지는 발걸음
해 지고 긴 행렬 하나 둘 떠나고 나면
바람에 나부끼는 달빛 잡고
별들 계곡물 위에 자리를 깐다
북두칠성 내려와 법문 건너온 서역을 가리키고
먼 길 걸어온 발등에
솔향기가 부채질 한다
간간이 들리는 풀벌레 소리
싸리꽃 피던 천년의 언덕길을 노래하고
그 길 위에 만난 너와 나
오늘도 걷고 있네
무풍한송로

# 정원

나뭇가지 사이로 스산한 바람 들락이는 오후
앳된 입술이 붉다

지난여름 나무 그늘 밑에서
가시도 세울 수 없었던 작은 키

12월 장미
점점이 붉은 사랑 터치한다

울타리 넘어 한 페이지를 넘긴
화려했던 마리골드
검붉은 치맛자락
그날을 떠올리며 손짓하더니

만남과 이별이 바람의 뜻이라고
노을 같은 미소를 삼킨다

## 온천천 작은도서관


가로수 끝자락이 하늘과 맞닿으면
금샘 찾아 날고 있는
새들의 노랫소리 들으며
온천천 작은도서관으로 발걸음 옮긴다

어릴 적 꿈꾸던 날들을 회상하며
설레는 가슴으로 들어서면
책꽂이마다 빠끔히 얼굴 내밀며 환하게 반겨준다

단발머리 소녀와 함께 밤을 세웠던
헤르만 헤세의 데미안과 지성과 사랑
시간 가는 줄 모르고 단숨에 읽고 나면
나도 모르게 책 속으로 들어가
주인공이 되기도 했던 시간들
지난 긴 세월 동안 나의 세계는
그 책 속에서 부화되었다

서면로터리 청학서림에서 날아올랐던
한 권 500원의 꿈들이

이젠 온천천 작은도서관에서
가을 하늘 구름 되어
뭉게뭉게 피어오른다

# 터미널

그리움을 가득 실은 시외버스
단숨에 달려온 여섯 시간
함께 자란 동생이 고향이고
내 아픈 살이라

멀어진 시간
되돌릴 수 있다면
부산 강원도가 멀까
마중 나온 젖은 눈시울
먼 산만 바라본다

긴 세월
떠나올 때 울어주던 앞산 뻐꾸기
고향을 그리다 마음만 까매진 언니
큰언니 영 이별에도 올 수 없었다
열흘이 하루같이
시간은 언제까지 기다려 주지 않고
다시 올 기약도 없이
떠나오는 터미널에서
비에 젖은 맞잡은 손 놓지 못했다

## 늦은 사랑

어느 곳에도 없다
붉은 피 낭자한 사랑의 테마길
타다 남은 불씨 발길에 시들고
길은 고목의 시간으로 들어간다

우거진 잡목 터널을 지나
어디서도 찾을 수 없는 네 모습 붉은 동백
둘 데 없는 마음 먼 수평선만 바라본다

대마도가 보이는 해맞이 전망대
지심도 러브상
영혼 없는 사랑을 찍고 간다

## 바다를 열다


남자의 비밀이 출렁인다

그가 바다고 바다가 그인 검푸른 얼굴
억센 파도와 씨름하는 목소리
저 멀리서 들려오는데
시치미 떼고 돌아앉은 거제 앞바다

햇살이 던져 놓은 보석 따라
내 눈도 반짝인다

갯바람에 실려온 고요의 시간들
밤마다 새로운 꿈을 파는 은하수 보부상
스치는 마을마다 눈에 머문다

온몸으로 안고 싶은 바다
막힌 길 열어주는 물길 따라
오래 잠긴 목소리 하나 띄워 보낸다

## 초록 멍

산과 들이 깨어난다
어둡고 긴 터널을 지나
뭉게구름 핀다

초롱한 눈매
도톰한 홍소 입술
시샘하는 봄바람은 고운 얼굴 할킨다

너를 보내고 또 다른 너를 만난
사철나무
너만 바라보다 나를 잊은 날

바람을 막다
비를 쫓다
초록 멍 뚝 뚝

## 동해남부선

어두운 새벽을 가르는 열차의 기적소리
황새목에서 숨차오르는 칙폭 치익 폭폭
그 소리 들으며 일광역까지 달려가는
발걸음도 숨가쁘다

책가방에서, 생선 미역
부전시장으로 팔려가는 짐꾸러미
삶의 일터로 가는 발걸음
첫닭 울음소리 샛별이 시계였던 그날
새벽밥 짓는 아궁이에 청솔 타는 냄새
아린 눈물 연기로 자욱하고
자식 사각모에 밥 안 먹어도 배부르던
어머니 마음들
새벽 열차에 실려 보내면
송정 지나 청사포
아침 햇살 열차 속 저마다 꿈들을 골고루 비춘다
저 멀리 수평선 너머 푸른 파도가 출렁일 때마다
열차 몇째 칸에 책가방 받아주던
혜진이 영준이

햇살에 비치던 얼굴 스쳐 지나가고
기장에서 일광 지나가는 사이
멀리 떠난 투박한 옛 어른들의 고향 이야기가
환청처럼 들린다

부전역 출발한 전동차가 일광역에 다달았다
열차 안에서 그려본 그날의 풍경들이
따라 내린다

## 이팝꽃

하늘에 떠가는 하얀 뭉게구름
브람스의 왈츠
실바람에도 만근의 무게 안고
하늘 높이 둥실 오르는 몸짓
4월 초록빛 반짝이는 한나절
발의 통증을 모두 모아
꿈이 사는 나라로
무거운 신발 내던지고
나도 떠난다

해설

# 풍경 속의 풍경, 겹의 문장들
– 자연과의 합일

## 정 익 진
(시인)

**序.**

김복조의 시들은 묘사로 가득하다. 자연에 대한 묘사가 많은 부분을 차지하는 것은 시인이 자연의 아름다움을 얼마나 사랑하는지를 가늠케 한다. 언제나 시인의 머릿속에는 자연이 가득해서 필요할 때마다 필요한 만큼 우리에게 내어준다. 마치 자연의 풍경만을 찍는 사진가처럼 우리가 원하는 풍경을 마음속에서 꺼내어 우리에게 건네준다.

꽃이 있는 풍경 사진 하나 주세요. 강이 흐르는 풍경 두 장 주세요, 산허리에 나무 한 그루 서 있는 사진 세 장 주세요, 하고 손을 내밀면 빙그레 웃으며 우리의 손에 쥐어 주는 시인의 모습을

상상해 본다. 시인의 어투는 잔잔하다. 잔잔한 물결이다. 그 잔잔한 물결이 우리에게 말을 걸어온다. 깊은 산속의 호수, 그 호수의 수면에서 찰랑이는 잔잔한 물결은 햇빛을 받아 반짝인다. 자연과 함께하고 싶은 문장들이다. 자연과의 합일을 꿈꾸는, 자연과 교섭하는 문장들이다. 더하지도 덜하지도 않는다. 바람이 부는 듯, 물이 흘러가는 듯, 꿈을 꾸는 듯, 깨어나 보면 시인의 문장들이 어느새 우리의 옆구리에 당도해 있다. 가슴속으로 퍼져 딱딱하고 주름진 마음을 부드럽게 위무해 준다.

부드러운 서정으로 삶의 깊이를 담아내는 김복조의 시를 읽는다는 것은 처연하고 외로운 마음에 대한 위로와 연민이다. 동시에 사라져가는 자연과 인간과의 조화, 함께 살아가는 공동체적 삶에 대한 확장이다.

인간은 자연의 한 부분이다. 인간 주체로서의 자신을 버리고 자연의 한 부분이 될 때 우리는 현실이 방출하는 고통과 불행을 극복할 수 있는 저력을 가진다.

겹의 문장들이란 풍경 속에 풍경이 스며들 듯

문장 속에 문장이 스며들기도 하고 빨려드는 현상을 말함이다. 너무나 부드럽게 스며들어 겹과 겹 사이에 매듭이 없다. 수면 위에 비치는 구름들, 그림자 속에 또 다른 그림자처럼 말이다. 은은하게 퍼져가는 수채화 같기도 하고 파스텔의 질감을 휘두르며 시의 서정성을 더욱 강조한다.

## 1. 풍경 속의 얼굴

유채꽃 향기에서 유채씨 보입니다
하얀 무명옷에 동여맨 수건으로 머리를 가리고
노란 꽃잎에 미소 짓는 얼굴이 보입니다

잘 자란 겨울초는 추리지 않고
씨앗을 받으라
당부하시던 얼굴이 보입니다

멀리서 손짓하듯 유채꽃 벌판은 하늘거리고
서산에는 저녁노을 지는데
나 또한 여기 와 섰으니
유채꽃은 더욱 멀리서
아련하게 다가옵니다

척박한 땅을 걱정하시며
땅은 거짓말하지 않는다는 평범한 진리로
지난 세월 씨앗을 받으셨던 어머니

오늘도 그 씨앗은 충실하다고
어머님 무덤 앞에 속삭입니다

- 「유채꽃 속의 얼굴」 전문

　유채꽃 풍경 속에 떠오르는 얼굴은 다름 아닌 어머님의 얼굴이다. 화자가 물리적 감각의 범위에서 느낄 수 있었던 것의 처음은 유채꽃 냄새이다. 그러니까 어머님의 얼굴이 떠오른 그 순간의 화자의 감각은 후각이었지만 점차적으로 시각으로 전이되어 간다. "하얀 무명옷에 동여맨 수건으로 머리를 가리고/ 노란 꽃잎에 미소 짓는 얼굴," 이 얼굴이 어머님의 얼굴임을 누구나 알 수 있다. 인용한 이 부분은 시인의 기억이나 마음속에서 일어나는 현상이기에 우리의 감각에 포착되지는 않는다. 어머님에 대한 그리움이 우선이다. '씨앗'이란 단어도 눈에 띈다. 씨앗은 생명과 생식의 상징이다. 무한한 가능성이다. 씨앗은 식물로 자라 인간에게 생명과 풍요를 준다. 생각도 좋은 생각의 씨앗에서 싹터야 할 것이다.

　그 씨앗은 밀알이 되고 잎이 되고 열매를 맺어 원대한 꿈을 이룬다. 콩 심은 데 콩 나고, 팥 심은 데 팥 난다는 말이 있듯이 인용시에 나타난 어머님의 마음도 이와 같으리라. 그야말로 뿌린 대로 거둔다. 어머님에겐 씨앗이 의미하는 것은 자식들이다. 자식들이 잘 자라서 그들의 꿈을 이루기를 얼마나 바랐을까. 그러므로 씨앗은 무한한 가능성과 희망을 향한 열정이자 아름다운 풍경의 탄생을 의미한다.

  지상을 노랗게 수놓은 유채꽃과 붉은 노을이 어우러진 풍경은 아름답다. 이 아름다움이 어머님의 마음이다. 어머님에 대한 그리움은 여기에서 그치지 않는다.

    푸른 대나무 쟁쟁한 절개 앞에
    암전히 앉은 노란 개나리

    연못 속 돌 위
    사람 발자국 소리에 숨 가쁜 개구리

    새들은 날아가고
    빈 둥지 초가집에 치자꽃 향기
    구석구석 청향을 뿌린다

    시집간 막내딸
    두고 온 옛집 어머니 보고픔에 편지 쓰노라면
    살구 꽃잎 눈앞에 날아와
    분홍 눈물로 떨어지고
    돌담 앞 봉숭아 작약 분꽃

붉은 종아리를 뻗는데
열매를 꿈꾸는 무성한 바나나 나무
언제까지 기다려도 잉태를 하지 못했다
줄지은 마늘잎 알을 굴리고
배추꽃에 나비가 난다

호미 든 어머니 진종일 텃밭에 묻히면
건넛집 용길네가 부르는 소리

– 어지매 있능교

어머니는 이 가을이 다 가도 대답이 없다

– 「횡계리 옛집」 전문

아마도 시인이 어린 시절이거나 한 시절 살았던 옛집을 생각하며 쓴 시편일 것이다. 위의 시편 속에서도 역시 어미님의 얼굴이 피어오른다. 푸른 대나무, 노란 개나리, 숨 가쁜 개구리, 새들과 치자꽃 향기가 어우러진 횡계리의 풍경들, 이런 풍경 속에 시집간 막내딸이 나타나고 그러다 배추꽃에 나비가 날 무렵이면 "호미 든 어머니"의 모습이 보인다. 누군가가 부르는 소리에도 어머님은 대답이 없으시다. 자연의 아름다운 형상이 꾸밈없이 펼쳐진다.

인용시의 배경은 얼마 전에 본 다큐멘터리 '모

네의 정원'을 연상케 한다.

  이 정원은 파리에서 약 70km 떨어진 지베르니라는 소도시에 위치한다. 프랑스의 인상파 화가 클로드 모네가 죽기 전 노년기를 보내며 예술활동을 한 동네로 알려져 있다. 오랑주리 미술관에 있는 위대한 작품 '수련' 연작 및 모네의 작품에 등장하는 일본식 다리의 배경이기도 하다. 클로드 모네는 기차를 타고 가며 지베르니 마을을 발견했다. 그는 그곳으로 이사하기로 마음먹고 집과 주변 지역을 구입했다.

  따라서 위의 시적 화자가 자연을 바라보는 시선이나 모네의 시선은 닮은 듯하다. 풀과 나무와 꽃의 향기를 맡으며 산책하는 시인의 모습이 떠오른다. 그 풍경 속에 어머니의 모습이 어른거린다. 어머니는 시인의 마음속에 영원히 살아 있음을 증명한다. 고향, 어머니, 그리움은 모두가 연결되어 있다. 고향과 어머니를 그리워하며 사는 것이 인지상정이다.

  '천부지모(天父地母)'란 말이 있다. 말 그대로 하늘은 아버지이고 땅은 어머니다. 인간 생명의 기원은 자연(천지)과 혈통(부모)의 연계를 통해 이루어진다. 하늘은 대지에 햇빛과 비를 전해주는 생명의 능동적인 힘이다. 반면에 땅(대지)은 그 힘을 받아서 새로운 생명체를 창조하는 수동적인 역할을 담당함으로써 하늘은 생명 창조의 '씨앗', 땅은 그 씨를 받아 생명을 키워내는 '토양'이 된다.

  이상 인용한 두 편의 시는 아기자기한 서사적인 맥락으로 이어가는 시편이라기보다는 자연의 아름다움을 물감에 적셔 우리의 코앞에 들이대는 묘사(이미지) 위주의 시편들이다.
  다음에 언급할 두 편의 시는 약간의 서사가 포함되어 있어 또 다른 면모를 살필 수 있다.

### 2. 풍경 속의 짧은 필름

>다리 짧은 햇살이
>아장아장 마당 가운데로
>걸어 들어오면
>
>무지갯빛 비눗방울 따라
>까르르 하늘로 오르는 웃음
>
>가위 바위 보
>순례의 발걸음에
>숨은 가슴 콩 콩 콩
>
>까치발이 필요 없는 날
>크게 웃어 키가 커지는 날

가끔 받는 보너스 선물
　　　컴퓨터 화면이 얼굴 내밀면
　　　기다리는 차례에도 가위 바위 보

　　　어울려 짧은 하루해
　　　고사리손 작은 사랑
　　　하회탈 얼굴에
　　　장미꽃 웃음이 귀에 걸렸다

　　　　　　　　– 「휴일 화면」 전문

　동화 같은 장면이 펼쳐지고 있다. 분위기가 밝고 명랑하다. 햇살이 아장아장 걸어오는 장면은 겨우 걸음마를 뗀 아기의 이미지로 다가온다. 귀여운 아기가 다가오면 웃음꽃이 풍선처럼 둥실 하늘로 떠오른다. 가위, 바위, 보에서 하회탈 웃음에 이르기까지 웃음이 빵빵 터진다. 물결이 번져가듯 연속적으로 장면이 이어진다. 이러한 장면은 사진 예술에서 말하는 스냅숏과 유사한 기법을 보여준다. 스냅숏(Snapshot)은 순간적인 장면을 촬영한 사진이다.

　스냅(Snap)은 손목이란 뜻이다. 운동, 특히 구기종목을 다룰 때 손목을 사용함을 말한다. 손목을 사용하면서 인물 사진을 촬영할 때는 자연스러운 동작이나 표정을 재빠르게 포착해야 한다.

순발력이 좋아야 한다. 예비동작이나 준비 과정이 없는 재빠른 판단이 관건이다. 하지만 오늘날과 같은 스마트폰 시대에는 이미 보편화된 개념이다. 지구상의 사람들 모두가 스마트폰을 들고 다닌다. 언제든 마음만 먹으면 바로 사진을 촬영할 수 있는 세상이다.

서사가 좀 더 구체적인 시 한 편을 읽는다.

이웃집에
누가 이사 왔는지
이사 온 그날부터 온 동네
길냥이들이 다 모여든다

밤이 되면 괴성의 울음들이
집을 뚫고 나가려는지
주인으로부터 음성 제거술 정관술
면죄부를 대신해도
어쩔 수 없는 야성은 밖으로 나갔다

그 후부터
다리가 부러져 까무러질 듯하더니
결국 절뚝거리는 불구로
주인의 밥만 얻어먹고
들락날락하다
한 열흘쯤 집에 돌아오지 않는다

어느 날 건장한 놈이 그의 밥그릇을 차지했다
밥그릇 깨지는 날
자유가 방종인가 방종이 자유인가를
아직도 보이지 않는 그의 애완이란 족쇄는

– 「방종의 자유」 전문

고양이 이야기이다. 오늘날 도시에서도 고양이는 쉽게 볼 수 있다. 너무 흔하게 볼 수 있어 별로 신기하지도 않지만 불쌍해 보이기도 한다. 주차장을 돌아다니며 차량 아래 숨거나 밤이 되면 괴성을 지른다. 그러나 고양이와 마주치기라도 하면 긴장감을 느끼는 것은 여전하다. 도심공원의 비둘기처럼 개체수가 늘어나 고양이 과잉시대를 맞고 있다. 주인 없는 고양이를 거두어 아예 함께 사는 사람들도 있다는 말도 들었다. 반려견과 비교하자면 고양이를 길들이기가 더욱 어렵다는 것이 통설이다. 그래서 살쾡이의 피를 이어받은 고양이는 야성적이다. 야성이 살아 있다.

고양이를 목욕시키기가 얼마나 어려운지 해 본 사람을 알 것이다. 길들여지지 않은 생활을 영위하기에 길들여진 반려견보다 자유롭다. 제 마음대로 하고 산다. 방종의 자유를 누린다.

인용시에 따르면 다리가 부러졌음에도 불구하

고 주인을 뒤로하고 가출한 고양이 한 마리가 또 가출을 시도한다. 결과는 좋지 않다. 약육강식! 더 사납고 힘센 놈이 밥그릇을 차지했다. 야성의 세계에서는 약자는 언제나 밀려나기 마련이고 패배의식에서 벗어나기 어렵다.

이상 두 편의 짧은 필름을 보여주었다. 다시 자연으로 돌아가서 시인이 새롭게 펼치는 풍경 속으로 들어간다.

### 3. 풍경 속의 시간

온기가 빠져나간
빛바랜 사진 한 장
툇마루 위에 걸려 있다

지나가는 행인들 눈높이의 반 나신
담장 넘어 새어 나갈 입소문에
굳게 잠긴 문고리

식은 아궁이의 냉기는 식음을 전폐한 지 언제인지
모퉁이 돌아가던 힘 없는 발자국 소리
작은 헛기침 소리도 삼켰다

모두가 가버린 그 어느 날의 박제된 시간

오순도순 주고받던 이야기도
전설로 돌아가고
누구를 기다리는지
스산한 바람만 들락날락

– 「멈춰진 시간 풍경」 전문

최근에 본 영상물 '백년의 고독(가브리엘 가르시아 마르케스 원작, 2024년)'의 몇 장면이 떠오른다. 그중에서 사진기의 시초를 연출한 장면이 있다. 등장인물이 말한다. 시간을 멈출 수 있는 기계를 보여주겠다고 말하며 가족사진을 촬영한다. 지금 보면 신기하지도 않지만 사진기가 발명되어 순간을 영원히 남길 수 있다는 사실에 얼마나 경이로워했을까.

인용시의 내용으로 보아 시적 화자는 빈집을 둘러보는 중이다. 화자는 툇마루의 상단에 걸려 있는 빛바랜 사진을 발견한다. 사진이란 것이 한순간 멈춰진 시간을 의미한다. 박제된 시간이다. 빈집은 황량하다. 누군가 살다간 흔적이 남았다. 원형이 사라진 싸늘한 흔적들이다. 한때의 시간이 멈춰져 있다는 것은 한순간의 영원성을 뜻한다. 소문의 내용이 뭔지는 몰라도 동네에 입소문이 돌고, 그 외 발자국 소리, 헛기침 소리, 집이란 공간에서 주고받던 이야기 소리가 들려오는 듯하다.

만약에 그곳에서 달력이라도 발견하게 된다면 멈춰진 그 날짜가 그곳에 거주하던 사람들이 떠난 날이란 것을 유추할 수 있겠다. 바닥에 인터폰이 떨어진 그 빈집은 시간이 멈춰진 공간이다. 쓸쓸한 느낌이 든다. 소용돌이 속에서 점점 사라져 가는 무엇을 보는 듯하다. 그리고 바람이 분다. 찢어진 벽지가 휘청이고 열렸던 문이 쾅, 소리를 내며 갑자기 닫힌다. 놀란다. 쓸쓸하고 황량한 풍경 속의 멈춰진 시간을 잘 표현한 시편이다. 빈집에서 나와 다시 희미한 빛이 흐르는 자연의 풍광 속으로 걸어가는 화자의 뒷모습을 생각한다.

눈이 내리는 풍경이 펼쳐진다.

> 어젯밤 몰래 내린 눈
> 산 능선 빙하
> 설산의 세포막을 가로지르는 찬바람에
> 수런거리는 나목의 밀어
> 물 위
> 햇살 한 줄기 수정체로 수를 놓고
> 고요와 정갈은 청옥색 물소리에 구른다
>
> 천년의 기와에 흐르는 청정한 독경소리
> 무한한 시간의 정원

즐비한 소나무 숲길에
　　세월을 담은 향기

　　보이지 않는 먼 곳에서 봄이 오듯
　　경계 없는 그리움이 오가는
　　너와 나 억겁의 길

　　절 마당 홍매는
　　새로운 우주를 하나 둘 터트린다
　　　－「영취산 통도사 봄이 오는 길」 전문

　설산을 묘사한 동양화 한 폭을 보는 듯하다. 아름다운 시편이다. 고요한 시간 속에서 명상에 잠겨 있는 당신은 누구인가. 적막이 쌓여가는 소리가 들려온다. 무한 속에서 천년의 시간이 흘러가고 구름 사이로 금빛 봉황이 날아다니고 끝없이 펼쳐진 신들의 정원에서 새소리가 들려오는 분위기를 자아낸다. 자연 속에 파묻히는 삼라만상 온 우주에 귀 기울이고 있는 시인의 심경을 헤아려 본다. 나무와 나무가, 물과 물이, 겨울과 봄의 대화를 포착하는 시인의 섬세한 감각의 빛이 우리의 가슴에 드리운다. "햇살 한 줄기 수정체로 수를 놓고/ 고요와 정갈은 청옥색 물소리에 구"르는 경지를 보여준다.

　생명에 대한 경시와 소외가 만연한 현대 사회

는 불안하다. 상실과 고독이 두 날개를 퍼덕이고 여기에서 파생되는 어두운 그림자가 점차 그 세력을 넓혀나간다. 그리하여 정신적 방황과 고통받는 이들에게 가슴을 적시며 영혼의 울림을 주는 위와 같은 김복조의 시는 우리의 귓속을 파고들어 먼지 낀 유리창처럼 흐렸던 정신을 맑게 해주는 역할을 한다. 마침내 "절 마당 홍매는/ 새로운 우주를 하나 둘 터트린다"에서 그의 시는 그 절정을 맞는다. 우주적 의식과 생명력이 만발하고 나와 자연의 동일시가 가능하다는 것을 여실히 증명한다. 그렇다고 자연을 낭만적 도피처나 신앙의 대상으로 삼자는 말은 아닐 것이다. 시인은 그저 자연을 있는 그대로 보고 느끼는 그대로를 표현할 뿐이다.

자연의 풍광에서 잠시 벗어나 도심의 일상 속에 잠시 머무른다.

### 4. 풍경 속의 삽화

어제는 개미들이 떼 지어
이사를 갔다

지금 막 바람이 불고
비가 쏟아지기 시작한다

재활용 수거통에 들어가지 못하고
　　길거리를 박쥐처럼 날아다니는
　　비닐봉지 하나

　　하늘을 휘휘 몇 바퀴
　　공중비행한다

　　반 고흐의 귀를 그리다
　　피카소의 춤을 추다

　　결국 나뭇가지에 걸려
　　온몸이 찢겨진 채로

　　　　　　　　　　　－「1막」 전문

　김복조 시인의 시 경향에서 좀 벗어난 느낌이 드는 시편이다. 또 다른 미각이다. 흥미로운 장면들이 펼쳐진다. 우리의 일상 속에서 일어나는 현상들이지만 시인만의 섬세한 관찰력이 발휘되지 않았다면 여간해서 그 순간을 포착하기 어렵지 않았을까.

　시의 배경은 비 내리고 바람 부는 날이다. 등장인물들은 등장하지 않고 개미와 비닐봉지 하나 등장할 뿐이다. 어찌보면 매우 심플하다. 그러나 뛰어난 묘사력으로 이를 극복한다. 이 시의 주연 역할은 재활용 과정에서 처리되지 못하고 바람을 타고 박쥐처럼 날아다니는 비닐봉지이다. 비닐봉지는 마치 아무런 목적 없이 삶을 살아가는 무기력한 인간을 담아낸다. 서커스를 하거나 허공을 캔버스 삼아 그림을 그리기도 하고, 바람이 부는 대로 날아다니다 나뭇가지에 걸린다. 결국, 세파에 시달리다가 온몸이 찢어진다.

 반면에 시의 초반부에 등장하는 개미들은 살아 움직이는 인간군을 표현하고 있어 묘한 대조를 이룬다. 개미처럼 성실히 살아가는 사람들의 모습과 바람 부는 대로 인연이 닿는 대로 자유롭게 살아가는 삶을 표현한 것일까.

 하던 일을 멈추고 고개를 돌려 창밖을 바라본다. 아직 새벽이다.

> 어둠을 걷어낸 새벽 창엔
> 아직 잠이 머문다
>
> 눈에 생채기가 나도록
> 비벼대며 바라보는 먼 산
> 파란 새싹들이 펼쳐진 문틀 속의 화폭
>
> 시리도록 찬바람 부는 날엔
> 희미한 창문의 불빛이
> 포근한 기다림의 정이 되고
> 먼 곳의 친구 소식이 궁금할 때는

기다리는 귀를 창문 쪽에 두고 잔다

언제나 창문에는 소리 없는 온기가 자라고
그리움이 두꺼워진다

이른 아침
지난밤 몰래 내린 밤비가
방울방울 창에 미끄러져 흩어진다

창 너머로 다시 시간이 멈춘다
― 「창」 전문

 위의 시는 창을 통해 여러 상황과 이미지를 제시한다. 창은 눈동자다. 자신의 눈동자에 비치는 풍경들이 펼쳐진다. 창은 화면이다. 매번 다른 풍경이 맺혀 있다. 그래서 이 순간 내 창을 통해 보이는 풍경은 타인의 창일 수 있다. 저 멀리 깜빡이는 불빛을 통해 나 아닌 어떤 존재가 저 맞은편에 살고 있음을 마침내 느낀다. 창 너머로 보이는 세계가 나와 연결되어 있다는 존재론적 사유를 타인을 통해서 발생한다. 결국 창밖 풍경은 우리 삶을 비추는 거울의 역할이다.

 한때의 추억과 그리움의 파편들이 창에 비친다. 창은 기다린다. 제 눈동자에 무엇인가 나타날

때까지 기다린다. 창문을 통해 누군가가 나에게 다가올 것인가. 창문 틈 사이로 내 귀중한 것들이 빠져나가는 것일까. 창문에서 흘러나오는 불빛은 얼어붙은 사람들의 마음을 녹여 준다. 새로운 세계와 조우할 수 있는 가능성을 부여한다. 창밖은 외부, 창안은 내부임은 두말할 나위가 없다. 그것은 자신의 내면세계와 함께 외부세계에 대한 나의 태도를 말함이다. 무엇보다도 창은 마음의 창이다. 당신의 마음의 창엔 무엇이 보일까. 당신이 현재 처한 상황에서 느끼고 있는 감정과 욕구가 무엇인지. 창문에 흘러내리는 빗물이 내 마음속으로 흘러 아름다움이 고여 든다.

여기저기 거리를 거닐다가 발길을 멈춘다. 복고풍으로 장식된 창 안을 들여다본다. 실내 역시 복고풍으로 장식되어 옛 정취가 흠씬 풍겨온다.

### 5. 풍경 속의 복고풍

산타루치아역에서 내려
디에떼 에스프레소 지나
깡깡이마을 한가운데
낭만에 대하여, 아메리칸 마도로스가
축음기 바늘에 꺾여 넘는 곳

분내와 비린내
담배 연기 쇳가루 냄새가 뒤섞여
밀실 곳곳에 숨어 있다

풍랑을 지나온
오랜만의 해후
왁자지껄 들리는 뱃사람들의
목소리가 환청처럼 들린다

두서없이
일상의 시껄렁한 안부를 묻는
여음들이 천정에 둥둥 떠다니고

수동식 전화기도
빨강 노랑 화병의 조화도
꽃무늬 벽지도
찻잔도 옛날 그대로인데
계란 노른자 동동 띄운
쌍화차 건네주던
미니스커트 미스 양은 안 보이네

- 「양다방」 전문

  뱃사람이 드나드는 선창가의 왁자지껄한 분위기를 잘 전해준다. 깡깡이 마을이나 마도로스 등이 거론되는 것으로 보아 부산의 영도가 시의 배경이다. 모습은 변했지만 지금도 깡깡이 마을이 있다. 지난 시절, 주로 아줌마들이 규모가 큰 배를 수리하는 조선소에서 그 배의 페인트와 녹을 비롯해 이물질을 제거할 때 발생하는 망치 소리에서 유래했다.

19세기 후반부터 조선소가 세워진 영도 깡깡이 마을은 해방 이전까지 꽤 많은 수리조선소와 선박 관련 업체가 들어설 정도로 활황을 맞았다. 1970년대 원양어업이 활성화되면서 선박 건조·수리업으로 제2의 전성기에 들어서는 듯했으나 그 이후, 조선업 불황으로 침체기를 들어선다.

하지만 2016년부터 진행된 문화예술형 도시재생 프로젝트인 깡깡이 예술마을 조성사업이 진행되면서 마을이 다시 활기를 찾아 현재 부산의 새로운 명소로 자리매김한다. 조선소의 창고를 재활용해서 들어선 카페와 서양식 음식점이 들어서 호황을 누리고 있다. 그와 동시에 복고풍의 풍경을 찾는 사람들의 발길도 늘어나는 추세이다.

위의 시편 '양다방'도 옛 풍경을 그대로 간직하고 있어 아련한 추억 속의 장면들을 엿볼 수 있다. 밀레니엄 시대에 태어난 이들에게는 생소한 풍경들일 것이다. '다방'이란 단어도 생소하다. 복고풍의 연극 무대처럼 보인다. 아날로그적 감성이 흠씬 풍겨오기도 하고 가수 최백호 씨가 부른 가요 '낭만에 대하여'가 L.P 판을 통하여 흘러나오는 듯하다. L.P 레코드 역시 지금은 보기 어려운 추억 속의 물건이다.

우리는 현재 빠르고 정확한 디지털 시대에 산다. 나날이 발전하는 최신의 기술 덕분에 옛날에는 생각지도 못했던 것들이 일상화되어 있다. 요즈음 동전을 넣고 공중전화를 사용하는 사람이 있을까. 한 사람이 전화기 한 대를 주머니에 넣고 다닌다.

하지만 이런 극도로 편리한 시대에 '아날로그'에 대한 갈증을 느끼는 사람들 또한 점차 늘고 있다. 카메라는 물론이고 다이어리 노트, 종이책뿐만 아니라 패션에서도 통이 큰 바지, 벙거지 등 1980에서 1990년대에 유행했던 제품들을 다시 구하려 한다. 복고풍을 찾는 것이다. 옛날의 것들이 새롭다. 옛스러움에서 오히려 독특함과 정감을 느낀다. 발전된 기술이 주는 편리함이나 효율성이 너무 익숙해서일까. 비효율적인 아날로그적 감성에서 어떤 새로움을 찾는 것이다.

초등학교 그 시절, 4B연필에 대한 기억을 떠올려 본다.

    깎이고 깎여서 작아진 키
    그렇게 작아지던 날들이 있었다

    안갯속을 달리는
    기차에서 바라보는 바깥 풍경
    흰 여백에 흘러내리는 수채화

    머릿속엔 늘 색들이 흘러
    마음을 묻어 두었던 그곳으로
    스케치북 하나 들고 떠나고 싶었다

    아무에게도 말하지 못한 꿈
    지금도 손끝에 불씨처럼 남아
    그림 속으로 뛰어드는데

    서랍 속에 접어둔 추억
    여전히 내 안에서 잠을 깨운다
            -「서랍 속의 4B 몽당연필」전문

추억 속의 학창 시절, 조그마한 손에 몽당연필을 쥐고 공책 위에 글씨를 눌러 쓰는 화자의 모습이 떠오른다. 그 시절 4B연필은 주로 미술용이었다. 좀 진하게 나오고 무른 편이어서 잘 부러지지만 드로잉이나 스케치를 할 때에는 안성맞춤이다. 인용시의 여러 정황들에 비추어 그림을 그리고 싶은 화자의 심정을 헤아릴 수 있겠다. 화자는 기차를 타고 바깥풍경을 바라보는 것에 그치지 않고 그 풍경의 감흥을 자신만의 화폭에 담고 싶어 한다는 것을 짐작할 수 있다.

말하자면 4B연필로 풍경을 스케치하고 수채화 물감으로 그림을 완성하고자 한다. 아마도 화자의 어린 시절 꿈은 화가였던가 보다. 어린 시절에 겪었던 일들은 오랜 세월이 흘러도 우리의 뇌리 속에 남아 있는 것처럼 그 시절 품었던 꿈도 쉽사리 잊혀지지 않을 것이다. 삶이라는 파도에 이리 휩쓸리고 저리 휩쓸리며 모든 것이 사라진다 해도 한 번 품었던 꿈은 아무렇게나 버려지는 것이 아니다. 영화 '박하사탕'의 주인공 영호(설경구)는 그것이 싫든 좋든 과거의 시간 속에 살고 있는 인물이다. 영호는 20년 전 첫사랑 순임과 야유회를 왔던 곳에 불쑥 나타나기도 하고, 영화의 끝부분에서는 직업과 가족도 모두 잃고, 삶의 막장에 다달아 철로 위에서 "나 다시 돌아갈래"라고 절규한다.

이처럼 회귀는 인간 본성의 한 부분이다. 고향을 떠나 살아온 사람들 대부분은 어른이 되어서야 기억 속에 새겨진 고향으로 돌아가는 꿈을 꾼다. 자연으로 돌아가란 말이 있듯이 인간이 자연 속으로 돌아간다는 것 또한 회귀본능이다.

오늘도 솔바람 길은 당신을 기다리고 있다.

## 5. 結

> 사계절 불어오는 솔바람길
> 무거운 어깨 가벼워지는 발걸음
> 해 지고 긴 행렬 하나 둘 떠나고 나면
> 바람에 나부끼는 달빛 잡고
> 별들 계곡물 위에 자리를 깐다
> 북두칠성 내려와 법문 건너온 서역을 가리키고
> 먼 길 걸어온 발등에
> 솔향기가 부채질 한다
> 간간이 들리는 풀벌레 소리
> 싸리꽃 피던 천년의 언덕길을 노래하고
> 그 길 위에 만난 너와 나
> 오늘도 걷고 있네
> 무풍한송로
>
> — 「무풍한송로」 전문

인용시는 김복조 시인이 말하고자 하는 바를 대변하는 시편들 중에 한 편이다. 자연에 대한 시인의 지극한 사랑을 표현한다. 자연과 함께 숨 쉬고 바람 속에 자신의 영혼을 위탁한다.

솔바람 향기 가득한 풍경은 삶에 지친 나의 발걸음을 끌어당긴다. 자연으로 태어나 잠시 떠돌다 자연으로 돌아온 것이다. 태어난 곳에서 멀리 떨어져 몇 년간 지내다 산란을 위해 자신이 태어난 곳으로 돌아오는 연어의 경우처럼 말이다. 회귀본능이다. 떠나간 사람들도 마찬가지로 그때의 그 기억들이 되살아나 귀소하는 양상을 보인다. 즉, 자신이 살고 있던 고향을 떠나 방황하다 어른이 돼서야 기억 속에 각인된 고향의 풍경 속이거나 그 부근으로 돌아오는 습성을 말한다. 습성은 무의식적이다. 나를 소환하는 어린 시절의 추억과 그리움이 나의 발걸음을 되돌린다. 또한 귀소본능이다. 그리하여 자연과의 합일을 이룬다.

시인이 걷고 있는 무풍한송로(舞風寒松路)는 아마도 통도사로 향하는 길목인 듯하다. 표기한 대로 '소나무를 춤추게 하는 시원한 바람이 불어오는 길'이라는 뜻이다. 소나무 사진으로 유명한 사진작가 배병우, 그의 사진 속 소나무들처럼 오랜 세월 견뎌온 소나무의 진면목을 보여준다. 수백 년 묵은 노송의 기개와 품격에 제압 당하기에 충분하다.

    김복조의 시들은 단순히 풍경의 묘사에 그치는 것이 아니라 그 풍경 속에서 피어나는 존재의 의미를 확장한다. 풍경 속에 스며든 얼굴들, 발자국들, 사물들의 흔적들은 추억과 그리움과 연민의 감정들을 불러들인다. 자신의 시를 통해 타자의 상처를 위무하고 따뜻한 손길을 내밀어 자연의 아름다움 속으로 함께 가고자 한다.
    김복조 시인의 시집을 열면 꽃과 나무의 향기가 퍼져 나오고, 사계의 바람이 순서대로 책장을 넘길 것이다. 시집을 닫는 동시에 달빛이 내 손등으로 내려앉고 별의 조각들이 허공을 수놓을 것이다. 시인의 앞날에 행운이 깃들기를 바란다.

빛남시선 **160**

# 우주로 날아가는 나비

**초판인쇄** | 2025년 3월 20일
**초판발행** | 2025년 3월 25일
**지 은 이** | 김복조
**펴 낸 곳** | 빛남출판사
**등록번호** | 제 2013-000008호
**주　　소** | 부산시 사하구 감천로21번길 54-6
　　　　　**T.**(051)441-7114　**E-mail.**wmhyun@hanmail.net

ISBN 979-11-94030-18-8(03810)

값 10,000원.

* 이 시집은 한국예술인복지재단〈예술활동준비금지원사업〉의 지원을 받아 제작하였습니다.